AF230533

L²n
25960

ÉLOGE FUNÈBRE

DE

L'ABBÉ PAUL RIGAGNON

Chanoine honoraire de Bordeaux

CURÉ DE SAINT-MARTIAL.

Conformément aux règles de la Sainte Église, l'auteur déclare
que les mots, *saint, sainteté*, etc., contenus dans cet éloge funèbre,
n'ont été employés que pour la commodité du discours.

Bordeaux, 25 février 1871.

L'abbé LAPRIE,
Chanoine honoraire.

ÉLOGE FUNÈBRE

DE

L'abbé Paul RIGAGNON

Chanoine honoraire de Bordeaux

CURÉ DE SAINT-MARTIAL

PRONONCÉ DANS L'ÉGLISE SAINT-MARTIAL LE 23 FÉVRIER 1871

PAR

M. L'abbé Félix LAPRIE

Chanoine honoraire, Professeur à la Faculté de Théologie.

BORDEAUX

CHEZ CODERC, DEGRÉTEAU ET POUJOL

(Maison LAFARGUE)

RUE DU PAS SAINT-GEORGES, 28

1871

[Cachet de bibliothèque]

Bonus minister Christi.
Un bon prêtre de Jésus-Christ.
(I. *ad Tim.* IV, 6.)

Monseigneur [1],

Messieurs ,

Puisque, sans aucun titre de ma part, on veut que j'associe ma parole à la pompe funèbre de cette cérémonie ; puisqu'on m'a poussé dans cette chaire en me condamnant à un discours , dont tant d'autres auraient pu beaucoup mieux s'acquitter ; puisqu'il le faut enfin, hâtons-nous de nous exécuter et ne perdons pas le temps en préambules, en précautions oratoires. Du temps, nous n'en avons pas, dans les conjonctures présentes, pour des phrases de luxe, c'est à peine, hélas ! si nous en avons assez, je ne dis pas pour pleurer nos malheurs, mais pour seulement les compter. O Dieu ! que de calamités à la fois ! Ce n'est pas uniquement cette église qui est

[1] Mgr Gazailhan , ancien évêque de Vannes.

en deuil, c'est la France, c'est la chrétienté tout entière! Des champs de batailles couverts de carnage, des villes en cendres, des campagnes dévastées, des populations errantes, la patrie qui se meurt, la Papauté captive, l'enfer en éruption sur plusieurs points, la colère divine roulant comme un char de feu autour de l'horizon; telles sont les tristes images qui se dressent devant ma pensée par-delà ces sombres tentures et ces lugubres emblêmes dont nous sommes ici environnés.

Il me semble, comme à S. Jérôme, entendre le bruit d'un monde qui s'écroule : *Orbis terrarum ruit.* Oui, en vérité le monde tombe en ruines, et tel est le moment que Dieu choisit pour nous enlever les saints qui en sont les colonnes!!!

Il y avait ici un saint, un saint d'élite, un saint qui n'a pas eu besoin de mourir pour passer à l'état légendaire; et voilà que ce saint nous a été ravi tout d'un coup, *Defecit sanctus* [1] ; et je viens, au nom du clergé dont il fut le modèle, déposer sur son cercueil une couronne sans art, tressée à la hâte, d'une main à chaque instant distraite par le choc des évènements qui absorbent aujourd'hui toutes les âmes.

Qu'importe du reste que cette couronne ne réponde ni aux mérites du pasteur que vous pleurez, ni aux légitimes exigences de votre admiration et de votre douleur? — Vous me demandez de louer l'abbé Rigagnon? Par la grâce de Dieu son éloge n'est plus à faire; il a déjà été fait avec une solennité et un éclat qui pourraient nous dispenser d'y revenir. Ce gémissement de,

-----

[1] Ps. XI 2.

toute la cité à la nouvelle de la mort du Curé de Saint-Martial, cet innombrable concours auprès de ses restes vénérés, cette désolation générale, ces larmes des petits et des grands, cet empressement des fidèles de tout rang, de toute condition, qui se disputaient la faveur de toucher l'ombre de sa dépouille mortelle, quand ils ne pouvaient toucher cette dépouille elle-même, ou d'emporter comme un précieux trésor quelque parcelle des moindres choses qui lui avaient appartenu, ces miracles qu'une foi naïve osait lui demander, ce concert d'unanimes louanges formé par des milliers de voix, ces funérailles enfin changées en un triomphe au-dessus duquel on croyait voir l'âme du défunt portée au ciel par la reconnaissance de l'immense famille des pauvres, par les prières des pauvres, et comme sur leurs bras; voilà un panégyrique qui pourra vous consoler de l'insuffisance du nôtre.

Quoi qu'il en soit, moyennant votre bienveillance que j'implore, je consacrerai ce discours à la mémoire de notre vénérable frère en Dieu, Jean-Paul Rigagnon, chanoine honoraire de l'Eglise de Bordeaux, curé de Saint-Martial.

I.

Quelle grande chose qu'un bon prêtre! s'écriait jadis S. Vincent-de-Paul. Tel est le cri qui m'échappe à moi-même en songeant à l'abbé Rigagnon; et ce cri, il me paraît renfermer tout son éloge. Oui, ce fut là un bon prêtre dans toute l'étendue, dans toute la gloire de ce terme : *Bonus minister Christi.*

Il y a deux titres qui résument le bon prêtre. Il doit être tout à la fois l'homme de Dieu et l'homme du peuple.

L'homme de Dieu, parce qu'il est officiellement chargé des affaires de Dieu, *In iis quœ sunt ad Deum* [1] ; chargé de porter à Dieu les adorations, les présents, les sacrifices des hommes ; chargé de lui offrir le sang adorable de l'Agneau rédempteur. L'homme du peuple, parce qu'il est constitué pour le bien du peuple, *Constituitur pro hominibus* [2] ; oint et sacré comme on sacre les rois, pour transmettre au peuple les ordres, la parole, les grâces, les Sacrements de Dieu ; pour l'éclairer, le fortifier, le consoler ; pour compatir à ses ignorances et à ses égarements, *Condolere iis qui ignorant et errant* ; pour abaisser le Paradis jusqu'à sa portée ; pour le servir dans le Seigneur et lui ouvrir la glorieuse éternité.

Or, vous verrez dans cet éloge funèbre comment l'abbé Rigagnon fut excellemment ces deux choses : l'homme de Dieu et l'homme du peuple, *Homo Dei* [3], *fratrum amator* [4].

Écoutez, avant tout, par quelle enfance et quelle jeunesse il préluda au sacerdoce, comment il fut un

[1] *Ad Hebræ V.*
[2] *Ibid*
[3] *I. Ad Tim IV.*
[4] *Macc. IV,* 14.

enfant de Dieu et un jeune homme de Dieu avant d'être un homme de Dieu.

L'abbé Paul Rigagnon naquit à Bordeaux, au quartier des Chartrons, l'an 1792, date néfaste qui marque dans nos annales l'avènement définitif et sanglant de l'anarchie révolutionnaire, mais qui marque aussi, par compensation, la naissance de Pie IX, ce doux soleil de notre âge, aujourd'hui voilé par la *fumée du puits de l'abîme* et par une noire tempête d'iniquités humaines. Il était écrit que le quartier des Chartrons, qui avait vu naître le futur Curé de Saint-Martial, le verrait aussi mourir, et que toute sa vie d'homme s'écoulerait aux environs de son berceau, et dans le cercle de ce premier horizon qu'avait embrassé son regard d'enfant.

Paul était le second fils d'une famille quasi patriarchale où régnait, avec la crainte de Dieu, la tradition de l'amour du trône et de l'autel. Placée par sa condition un peu au-dessous des régions patriciennes, sans être précisément riche pour elle-même, elle l'était pour faire du bien ; elle en faisait beaucoup. Le père de Paul, homme juste, chrétien fidèle, exerçait son négoce avec la noble marque de l'antique probité ; quant à Madame Rigagnon, c'était un ange de miséricorde et la providence des pauvres. Ce que S. Grégoire le théologien raconte de sa mère Nonna, l'abbé Rigagnon pouvait le dire de la sienne : « Si la chose eût été permise, elle se serait immolée, elle et ses enfants, pour la cause des pauvres, heureuse de passer ainsi avec les siens dans le sein de Dieu, qu'elle aimait plus que tout et d'un amour sans mesure : *Si licuisset, se suosque filios eam ob causam distraxisset sicque ea arte sua se suosque in Deum quem præ cæteris omnibus diligebat immenso amore transfudisset. (In fun. patris.)*

Pendant les jours de la Terreur, la famille Rigagnon ne craignit pas de braver la mort pour donner asile aux prêtres proscrits; l'un d'eux, l'abbé Barrault, du diocèse d'Angers et futur fondateur de notre OEuvre des Bons Livres, resta longtemps abrité sous ce toit béni ; les profanes le prenaient pour un employé de la maison, mais les initiés savaient que ses mains consacrées dispensaient en secret les pardons du Ciel et les mystères de Dieu. Une chambre retirée servait d'oratoire ; l'abbé Barrault y disait furtivement la messe dans le silence de la nuit; bien des fois sans doute porté sur les bras de sa mère, le petit Paul fit partie de l'assistance qui entourait l'autel, pendant le sacrifice, dans ces catacombes domestiques où se conserva le feu sacré, aux Chartrons, en attendant des jours meilleurs.

Cependant toute la nation était partagée en deux camps : les bourreaux et les victimes. Les nouveaux pères du peuple Français se plaisaient à voir des têtes coupées ; pour leur bon plaisir, le couteau de la guillotine en abattait chaque jour par milliers, têtes d'hommes, têtes de femmes, têtes de vieillards, têtes d'enfants, têtes de nobles, têtes de plébéiens, têtes de prêtres surtout. Une de ces têtes sacerdotales, portée au bout d'une pique par des sauvages en délire, passa un jour dans la rue Notre-Dame où demeurait la famille Rigagnon. C'était la tête du vénérable abbé Langoiran.

L'horrible bande s'arrêta devant l'habitation suspecte
de superstition, c'est-à-dire de vertu ; elle se mit à
hurler des menaces de mort, et avant de se retirer,
ces suppôts de l'enfer appliquèrent sur la porte la tête
saignante de leur victime comme pour signer ainsi la
sentence capitale des maîtres du foyer ; mais le sang
du martyr protégea la famille Rigagnon contre la sentence même à laquelle il avait servi de sceau. Quoique
convaincus d'avoir caché des prêtres et recueilli des
aristocrates, les parents de Paul échappèrent au sup-
plice.

Au milieu de ces orages, le petit enfant fleurissait
comme un lys, à l'ombre de ceux qui lui avaient donné
le jour. L'angélique douceur de sa mère se réfléchissait
sur ses traits délicats, et l'on pouvait deviner qu'en
suçant le lait maternel, il avait sucé aussi la miséricorde
chrétienne. Il en donna bientôt des preuves. Un jour,
l'enfant avait alors sept ou huit ans, orné d'une tunique neuve qu'il avait inaugurée le matin, il jouait sur
le seuil de la porte, lorsqu'il voit passer un petit ramoneur couvert à peine de quelques haillons ; touché de
pitié à cette vue, l'enfant s'avance vers le pauvre sa-
voyard, et l'attirant par la main, il l'entraîne dans l'in-
térieur de la maison ; là, il se dépouille de la belle
tunique et en fait cadeau au ramoneur. Mais pendant
que celui-ci se retirait émerveillé, Paul qui ne devait
jamais apprendre l'art de réfléchir avant de donner, se
prit à redouter les suites de cette première et trop libé-
rale improvisation. Il eut peur et alla se cacher. Inquiète
de ne pas le voir, sa mère se mit à sa recherche ; elle

finit par le trouver blotti dans un coin, où il préparait sa confession avec de belles larmes. Après avoir entendu le coupable, Mme Rigagnon essaya de le gronder mais sans y réussir ; que pouvait-elle lui reprocher, sinon de trop ressembler à sa mère?

De son côté, par ses conseils, ses exemples et ses prières, l'abbé Barrault secondait l'action des parents de Paul et celle de la Providence sur l'âme de l'enfant. Elle commençait à s'épanouir, cette âme, et à manifester un ensemble de qualités aimables, dont quelques-unes un peu singulières, quoique charmantes, menaçaient déjà de dépasser la mesure et faisaient prévoir qu'elles trouveraient difficilement leur emploi dans les carrières du siècle, parce que le siècle n'en est pas digne. Évidemment le sceau de Dieu était sur cet enfant; il s'y imprima davantage encore quand vinrent les années de l'adolescence.

Autour de Paul, alors grandi, en France, le règne de la gloire guerrière avait succédé à celui du crime. En signant le Concordat avec la pointe de sa jeune épée, le vainqueur de Marengo venait de rétablir le culte et les autels. De tous les points du monde, les proscrits de la foi, les confesseurs, les pontifes accouraient ; un de ces pontifes, débris de la persécution, Mgr D'Aviau, nous fut donné. Merci, mon Dieu, du don que vous fîtes à l'Église de Bordeaux en ce jour-là !

Mgr D'Aviau eut occasion de bénir notre jeune Paul, dont il connut la famille. Peut-être pressentait-il qu'un jour il lui imposerait les mains.

Pendant que se promenait à travers l'Europe, broyant

les trônes, les institutions , les peuples, cette formidable trombe de fer et de feu , qui s'intitula la grande armée, Paul fit ses études classiques en partie à Bordeaux et en partie à Angers, ville natale de l'abbé Barrault. Il eut partout de grands succès littéraires. Au jour de la distribution des prix , les couronnes pleuvaient sur sa tête ; sa mémoire était prodigieuse ; on dit qu'il avait appris par cœur le discours de Bossuet sur l'histoire universelle. Son imagination avait cette surabondance de végétation et de vie que Quintillien se plaisait à rencontrer dans un jeune homme, *Amo in juvene quod amputem.* On s'accordait du reste à reconnaître chez lui une nature à part, une nature dont les beaux penchants n'avaient pas tout le contre-poids désirable , mais que ce défaut même de pondération rendait encore plus intéressante. Ame candide, incapable de calcul aussi bien que du moindre ressentiment, croyant tout comme la charité , tout excepté le mal, ne voyant pas toujours ce que tout le monde voit et croyant voir quelquefois ce qui n'est vu de personne ; âme recueillie en elle-même par modestie ou par timidité et cependant ouverte de toutes parts, ouverte surtout du côté du Ciel ; ayant des ailes qui l'emportaient souvent dans les espaces de la poésie et de l'idéal , et ne posant que difficilement le pied sur les réalités vulgaires ; cœur virginal, exhalant les parfums d'une piété suave ; physionomie d'ange, déjà respectable et respecté dans un âge où l'on n'est qu'aimable , ayant déjà quelque chose de l'honneur et de la sérénité des vieillards, lui qui, vieillard, gardera toutes les belles ignorances et toutes les belles simplicités de l'enfance : tel était le jeune écolier.

Après avoir terminé ses études et pris ses grades, il revint en Gironde. Croyant que la voix de Dieu l'appelait au service des autels, il demanda et obtint de ses parents d'entrer au Grand-Séminaire. Cet établissement était alors dirigé par des hommes qui avaient tous les mérites, sauf peut-être celui de comprendre les natures qui ne leur ressemblaient pas. Dieu permit qu'ils se trompassent sur ses desseins à l'égard de leur nouveau disciple. Ils l'aimaient et l'estimaient parce qu'il était impossible de lui refuser l'estime et l'affection ; mais il leur parut que ce jeune homme avait trop peu de poids vers notre sol terrestre, qu'il était né pour planer au-dessus de la malice des hommes et non pour frayer avec elle, et, comme le sacerdoce ne s'excerce qu'ici-bas et parmi les humains, il doutèrent de sa vocation. Le séminariste dut retomber dans le monde, avec ses plus chères espérances à demi naufragées. Par bonheur, il trouva, en touchant terre, pour lui tendre la main et réparer le désastre, un homme d'esprit et de cœur, qui voyait mieux et plus loin que les directeurs du séminaire ; c'était un membre du conseil archiépiscopal, l'abbé Berretrot, curé de Saint-Louis. Qui donc sera digne de monter sur la sainte montagne, disait le digne Curé avec le roi-prophète, si ce n'est le jeune homme dont les mains sont innocentes et dont le cœur est pur ? *Quis ascendet in montem Domini... innocens manibus et mundo corde*[1] ? Grâce au crédit dont il jouissait auprès de Monseigneur **D'Aviau**, il obtint que Paul

______
[1] Ps. XXIII. 2-3.

Rigagnon continuerait son cours de théologie sous la direction de deux professeurs de la Faculté. Celui-ci acheva donc dans sa famille son noviciat ecclésiastique; et à la rigueur, embaumée comme elle l'était, de la bonne odeur de J.-C., la demeure paternelle ne pouvait-elle pas lui tenir lieu de séminaire? Où trouver surtout une meilleure école pour faire l'apprentissage des œuvres charitables? A cette époque, deux frères et deux sœurs tous les quatre plus jeunes que Paul, formaient avec M^r et Mme Rigagnon le cercle du foyer. La charité de la mère s'était accrue avec le nombre de ses enfants. Paul, tout en étudiant avec passion la science théologique, devint le premier ministre des largesses maternelles. Il ne tarda pas, hélas! à la perdre, cette admirable mère. Quand la guerre d'Espagne vint remplir notre ville de prisonniers ennemis, elle mit tout son dévouement au service de ces pauvres exilés, quêtant pour eux de porte en porte, recueillant du linge, des vêtements, du pain, et se faisant sœur de charité dans les ambulances improvisées que les malades encombraient. Au milieu de ces soins prodigués aux Espagnols, elle tomba malade elle-même et s'envola au ciel. Son digne époux ne lui survécut pas longtemps; il mourut lui aussi de la mort des justes, en récitant le *Salve Regina.*

C'est vers l'époque du premier de ces deuils, qu'arriva pour l'abbé Rigagnon le jour de l'appel aux saints Ordres. M'en répondez-vous? dit ce jour là Monseigneur D'Aviau au Curé de Saint-Louis. — Autant que Votre Grandeur peut répondre d'elle-même, répartit le Curé avec sa hardiesse gasconne.

Enfin, le samedi des Quatre-Temps de Septembre
1816, dans la chapelle privée de Monseigneur D'Aviau,
une ordination eut lieu; quelques survivants de l'ancien
clergé, éprouvés presque tous par la persécution et
l'exil, quelques prêtres à cheveux blancs, formaient
autour du saint Pontife une couronne digne de lui.
Ainsi assisté, Monseigneur D'Aviau imposa les mains à
quelques lévites prosternés à ses pieds. Or, dans le
nombre se trouvait le fils des saints, l'abbé Paul
Rigagnon ; quand il se releva, il était prêtre pour
l'éternité. Et c'est maintenant qu'après l'enfant de Dieu
et le jeune homme de Dieu, il vous faut contempler
en lui l'homme de Dieu.

Ce beau titre d'homme de Dieu, quel est le prêtre
qui le mérite véritablement? N'est-ce pas le prêtre pour
qui Dieu est tout ; qui, par ses œuvres, est le vaillant
ouvrier de Dieu ; par son esprit, le contemplateur assidu de Dieu et des choses de Dieu ; par son cœur,
l'ange de Dieu ? Eh bien ! l'abbé Rigagnon fut incom-
parablement tout cela.

Portes de la carrière sacerdotale, ouvrez-vous! laissez
passer ce nouveau prêtre. Il s'élance à l'œuvre de Dieu,
et la mort seule arrêtera les exploits de son zèle.
Monseigneur D'Aviau, qui tenait à ne pas l'éloigner de
son protecteur l'abbé Berretrot, lui confia d'abord
le poste de vicaire à l'église Saint-Louis. Qu'on lui
donne du travail à ce jeune vicaire, jamais il n'en
trouvera assez ; et, en fait de travail, tout lui est bon :
catéchismes, confessions, œuvres d'enfants, œuvres
d'hommes, pieuses congrégations, visites de malades,

siége en règle des âmes rebelles, conférences avec les Protestants, il ne recule devant rien ; il embrasse tout à la fois, et court à la besogne par tous les chemins. Par tous les chemins aussi la besogne se précipitait vers lui, car, attirés par les charmes d'un ministère qui leur apparaissait sous des formes si évangéliques, les fidèles ne se prêtaient qu'avec trop d'empressement à lui multiplier les occasions de labeur, en voulant ne lui multiplier que les preuves de leur confiance. Il ne comptait pas avec la fatigue : tant que toutes les âmes n'étaient pas arrachées au péché, tant que toutes les douleurs n'étaient pas consolées, toutes les ignorances instruites, toutes les unions conjugales régularisées, tous les dissidents ramenés au giron de l'Église ; en un mot, tant qu'il restait une âme à conquérir, l'abbé Rigagnon estimait n'avoir rien fait. Il passera dix-sept ans à Saint-Louis ; ces dix-sept ans seront tissus d'œuvres apostoliques, sans qu'une seule heure soit demeurée inféconde ; et si, aujourd'hui, en regardant vers la paroisse voisine, il m'est donné d'apercevoir une aussi belle moisson, ne puis-je pas dire, sans porter préjudice à ceux qui cultivent ce champ privilégié avec tant de dévouement et de succès, qu'une partie de ces richesses remonte au ministère de l'abbé Rigagnon, que plusieurs de ces beaux épis furent, dans leur germe, arrosés par ses sueurs?

La paroisse était vaste ; néanmoins le zélé vicaire de Saint-Louis ne put se contenter du travail paroissial, il fallut lui ouvrir d'autres issues.

Ceux d'entre vous, Messieurs, qui avaient âge de raison

2

à la chute du premier Empire , et qui virent tomber le co-
losse napoléonien sous le poids de ses fautes, sous le poids
surtout de ses ingratitudes envers la papauté , ceux—là
doivent se souvenir de la mission prêchée à Bordeaux en
1817. Tous , plus ou moins , nous avons entendu parler de cet évènement, de la procession solennelle qui
couronna l'œuvre des missionnaires, de cette croix que
tous les bras voulaient porter, parcourant triomphale-
ment nos rues et nos carrefours, s'arrêtant enfin sur la
place Dauphine, pour arborer l'expiation et le pardon là
même où s'étaient intronisés la scélératesse et le meur-
tre. Nos pères nous ont raconté cette scène sublime , où
le prédicateur, dominant la multitude du pied de la
croix, éleva sa voix puissante pour demander à tous ,
au nom du Dieu de miséricorde l'oubli du passé , et où,
parmi les sanglots et les larmes, les parents , les enfants des victimes , les mains tendues vers la croix,
jurèrent qu'ils pardonnaient aux bourreaux.

Témoin de ce spectacle et des fruits qu'avait pro-
duits la mission de Bordeaux, l'abbé Rigagnon fut un
de ceux qui conçurent le désir d'étendre ces fruits de
salut à tout le diocèse. M⁣ᵍʳ D'Aviau bénit ce désir géné-
reux, avant même qu'il lui fût exprimé : « Allez, dit-
il au jeune vicaire de Saint-Louis , ainsi qu'il l'avait dit
à quelques autres , allez et prêchez. » Les cantons de
Guîtres, de Coutras, de Monségur, virent alors l'abbé
Rigagnon et entendirent sa voix ; de nombreuses con-
versions marquèrent son passage : il fut, dans les campagnes qu'il évangélisa, ce qu'il était à Saint-Louis, où
il avait toujours son poste officiel , à toute heure les

reins ceints, la lampe allumée, et insatiable de dévouement. C'est dans le cours de ces missions rurales qu'il
se lia tendrement avec celui qui fut, plus tard, le suc-
cesseur de saint Augustin sur la terre d'Afrique, Monseigneur Dupuch, de sainte et poétique mémoire.

Une autre œuvre, d'une portée plus grande que celle
des missions diocésaines, enflamma, vers le même temps,
le zèle de l'abbé Rigagnon, l'Œuvre de la Propagation
de la Foi. Cette œuvre, que la France a enfantée, dont
elle a été la nourrice magnanime, à qui elle a donné tant
d'ouvriers et tant de sang, elle venait de naître; l'abbé
Rigagnon fut à Bordeaux l'un de ses premiers apôtres,
et, après l'avoir prêchée dans notre diocèse, il la prêcha
et l'établit dans quelques diocèses voisins.

Et je n'ai pas encore nommé le principal théâtre de
ses nobles et saints travaux. Paroisse de Saint-Martial,
te souviens-tu du jour béni, où l'abbé Rigagnon te fut
donné pour pasteur? C'était en 1834 ; Monseigneur de
Cheverus, qui avait hérité de l'estime de son saint prédé-
cesseur à l'égard du zélé vicaire de Saint-Louis, le dési-
gna pour succéder à votre curé, qui venait de mourir.
Il s'agissait de bâtir une église dans ce faubourg reculé,
qui ne possédait alors qu'une chapelle provisoire, et
l'on avait signalé l'abbé Rigagnon à Monseigneur de
Cheverus, comme l'homme de cette entreprise ardue.
Avait-il donc, lui, qui ne sut jamais ni attaquer personne, ni se défendre pour rien, avait-il vocation,
pour manier cette épée de l'argumentation batailleuse,
dont l'emploi est nécessaire pour se faire jour à travers
les difficultés administratives et les résistances de toute

sorte qui se dressent toujours, et se dressaient alors plus qu'aujourd'hui, devant les curés bâtisseurs d'églises? Non, sans doute; cette aptitude lui manquait pleinement et telle ne fut point sa part dans l'enfantement de la construction projetée. La fable a parlé d'Amphion mettant les pierres en mouvement, aux accords de sa lyre, et les faisant venir à lui; ce fut un peu le rôle du nouveau curé. Il fit venir les pierres sous forme de pièces d'or ou de billets de banque, il les fit venir, sans presque les appeler. Et quelle est la lyre dont il se servit pour opérer ce prodige? Pas d'autre lyre que son âme. Enrichie des sept dons du Saint-Esprit, son âme n'était-elle pas une lyre à sept cordes; il suffisait de le voir, ce pieux enchanteur, *Incantantis sapienter*[1], dit l'Écriture, pour entendre la douce harmonie de son âme, et en subir le charme.

L'église s'éleva, grâce à l'heureux prestige du pasteur, et grâce à l'activité de ses deux vicaires, dont l'un était destiné, disons condamné, aux honneurs de l'épiscopat, et dont l'autre a contribué, plus que personne à doter notre ville d'un clocher sans rival en France, depuis que la flèche de Strasbourg a été brutalement mutilée par l'artillerie prussienne. De ce clocher on pourrait dire ce que Charles-Quint disait du *Campanile* de Florence, « qu'il faudrait, tant il est beau, ne le montrer que le dimanche. »

Quant à l'église de Saint-Martial, elle n'était ni belle ni riche; néanmoins, telle qu'elle était, l'abbé Rigagnon l'aima, et il l'épousa dans la joie de son cœur.

---

[1] *Ps.* LVII. 6.

Il vous avait apporté en arrivant chez vous, fidèles de cette église, toute l'ardeur et toute la force de l'âge. Or, pendant trente-sept ans, à partir du jour de son arrivée, vous l'avez vu courbé sous sa charge d'âmes, gravir laborieusement les escarpements de la vie, tenant sa main dans la main de Dieu et traînant après lui tout un monde de saintes œuvres, *Opera sequuntur*[1]. Quelles œuvres? Non point des œuvres retentissantes, mais des œuvres qui ont peuplé le ciel d'élus, et par conséquent les plus grandes qu'il soit possible d'accomplir ici-bas. Ne savez-vous pas en effet que le bruit n'est pas le bien, que le moindre bien surnaturel vaut mieux, selon saint Thomas, que tout le bien naturel de l'univers; que le salut d'une âme est une œuvre plus grande que la victoire d'Austerlitz ou celle de Sadowa? L'histoire périra, et au dernier jour, quand l'histoire aura péri, il ne sera plus question de ces monuments fantastiques faits de gloire sanglante et d'orgueilleuse fumée qui se nomment des victoires, tandis que d'une âme sauvée il en sera question à jamais, vu que cette âme fera éternellement partie de la Jérusalem des cieux. Quant aux détails de ces œuvres innombrables et immortelles accomplies par votre bon Curé, que voulez-vous que je vous en dise? ces détails, ils sont écrits au livre d'or que le Prince des pasteurs étalera devant le genre humain au jour du jugement pour glorifier ses ministres fidèles. Là, nous lirons, pour ne point parler du reste, les annales de son confessionnal, de ce confessionnal où

---

[1] *Apoc.* XIV. 13.

chaque jour il passait de si longues heures, nous y ver-
rons et les prodiges qu'il ramena dans la maison paternelle et les aveugles à qui il rendit la vue, et les sourds
à qui il rendit l'ouïe, et les paralytiques à qui il rendit
le mouvement, et les morts qu'il ressuscita, et les justes, les parfaits dont il assura la persévérance.

En attendant, vous, qui avez été les témoins de son
ministère, vous qui avez vu les rides de la maturité
se creuser une à une sur son front, vous qui avez vu ses
cheveux blanchir progressivement d'année en année,
dites-nous si le temps eut jamais à se vanter d'avoir re-
froidi son zèle? Dans les autres conditions, dit un
saint Père, la vieillesse est l'âge du repos ; mais dans
l'état ecclésiastique, c'est encore l'âge du travail[1]; or, fut-il
jamais une vieillesse plus laborieuse, mieux remplie que
la sienne? — Si, la nuit, on venait frapper au presbytère pour quelque malade en danger et que les vicaires
n'eussent point entendu le coup de sonnette, le bon vieillard, heureux de l'aventure, surtout en temps de con-
tagion, se levait précipitamment et bien qu'il ne fût pas
demandé en personne, il courait à la maison du mou-
rant, oubliant même quelquefois de compléter son cos-
tume. Une nuit qu'il s'était ainsi levé et qu'ayant ac-
compli sa tâche après du malade, il se disposait à ouvrir
la porte pour se retirer, on lui fait remarquer qu'il
oublie son chapeau. On cherche, il cherche lui-même,
mais vainement ; sa coiffure était restée dans sa chambre, tant il avait mis d'empressement à partir. — Une

---

[1] *Senectus quidem in aliis conditionibus inutilis est, in
Ecclesiâ autem utilissima.* (S. JEAN CHRYS.)

autre nuit, c'était pendant un hiver très-rigoureux, la terre était couverte de verglas et de givre; la clochette sonne; un malade se mourait, il fallait lui porter le bon Dieu; mais on observe à M. le Curé que le sol est glissant, qu'il est presque impossible de marcher: « Soyez tranquille, reprend le vieillard, je ne tomberai point; » et, protégé par les ténèbres, il s'en va porter le Saint Viatique sans autre chaussure que ses bas.

Et comme il fut, par ses œuvres, le vaillant ouvrier de Dieu, l'abbé Rigagnon ne fut-il pas par son esprit le contemplateur assidu de Dieu et des choses de Dieu : contemplateur de Dieu par l'oraison, contemplateur des choses de Dieu par l'étude de la science sacrée ? Sa prière était à-peu-près continuelle, *Habebat tempus à necessitatibus plebium nec tamen à sanctis meditationibus feriatum* [1]. Tout le loisir que lui laissait le ministère extérieur, il l'employait en saintes méditations. Quand il ne priait pas, il étudiait, et son étude se tournait du même côté que sa prière. Sa chambre était une cellule, la cellule d'un bénédictin; il avait là une bibliothèque considérable, seul objet terrestre auquel il se sentit un peu d'attache. C'était une bibliothèque théologique : J.-C. en était l'Alpha et l'Oméga, parce que tout s'y rapportait à la reine des sciences, à cette théologie catholique qui fut la passion du moyen âge et dont les sciences profanes ont l'honneur, dans les desseins providentiels, d'être les humbles servantes.

Pour l'abbé Rigagnon, ainsi que pour saint Jérôme,

[1] *Op, S. Bern..* IV. 110.

la Sainte Écriture était un paradis de délices. Qui aurait ouvert sa mémoire, comme on ouvre un écrin ou un tabernacle, y aurait trouvé les principales richesses du livre inspiré. Les diverses émotions de son âme réveillaient toujours chez lui quelque texte de la Bible ; ces textes passaient dans sa conversation, ils passaient plus naturellement encore dans ses instructions, ses prônes, ses sermons, et s'y enchâssaient avec un à-propos plein de saveur, dont notre prédication contemporaine a peut-être perdu le secret.

Grâce à son amour de l'étude et à l'habitude qu'il en avait, le Curé de Saint-Martial savait beaucoup ; il savait les choses du présent, mieux encore les choses du passé, *Nova et vetera* [1]. Nul ne connaissait plus fidèlement que lui l'histoire de notre ancien clergé. Cette histoire lui était présente avec ses détails les plus précis, sur les dates, les faits, les personnes ; on peut dire sous ce rapport, suivant une expression de saint Grégoire, « qu'il portait sur sa poitrine le pectoral du grand-prêtre, ce pectoral mystérieux, symbole de doctrine et de vérité (*Urim et thumim*), enrichi de pierres précieuses sur lesquelles étaient gravés les noms des ancêtres d'Israël. »

Disons-le enfin, ce vaillant ouvrier de Dieu, ce contemplateur assidu de Dieu et des choses de Dieu, n'était-il pas, par son cœur, un ange de Dieu ? Ah ! le cœur du Curé de Saint-Martial, c'est d'une main respectueuse et tremblante d'émotion que j'en soulève le voile pour en admirer les trésors. Ce cœur, il était vraiment plein de Dieu comme celui d'un ange. Les

---

[1] *Ev. St Luc.*

Anges touchent, par leur ministère, au monde que nous habitons, mais ils y touchent sans s'y attacher, sans s'y laisser prendre, et c'est avec un détachement parfait et pour ainsi dire de tout leur poids, que sans cesse ils gravitent vers Dieu. Il n'est pas donné à l'infirmité humaine d'atteindre cette perfection dans le détachement de la créature ; mais qui ne sait que le Curé de Saint-Martial était un homme détaché, un homme qui ne tenait à la terre que par la plante de ses pieds, et qui même par là n'y tenait pas toujours assez, s'il faut en croire certains critiques trop amateurs de l'équilibre et de la bureaucratie ? Il n'était pas administrateur, a-t-on dit ; c'est fort possible ; car saint Augustin ne l'était pas non plus, et j'ai lu dans la vie de ce grand homme, qu'il ne pouvait arriver à gouverner correctement son peu d'affaires temporelles, non point faute d'en comprendre le jeu, mais parce que ce jeu n'était pas fait pour lui, ni lui pour ce jeu : *Pondus meum amor meus.* Son cœur l'entraînait d'un autre côté, son cœur l'entraînait vers Dieu. Ainsi en fut-il de notre Curé de Saint-Martial.

Quelle piété fervente et régulière ! Debout tous les matins à l'heure où se lèvent les religieux, il commençait exactement sa journée par l'exercice de l'oraison, où il faisait provision pour son âme de lumière et de feu. En hiver comme en été, c'était lui qui disait la première Messe, et cette première Messe de chaque jour égalait en ferveur la première Messe qui suivit son ordination. Seigneur Jésus, ô Dieu eucharistique, vous savez s'il vous aimait et s'il aimait vos autels !

Tout ce qui concerne le culte et les sacrements avait pour lui, après un demi-siècle de ministère, la fraîcheur et l'attrait de la nouveauté. Un baptême à faire lui était une fête dont le souvenir embaumait ensuite le reste de sa journée ; ce qui lui était aussi une consolation toujours nouvelle, c'était la récitation du bréviaire ; ce livre de l'office divin, avec ses prières grandes comme nos misères et splendides comme les gloires de Dieu, il l'aimait plus que le barde antique n'aimait cette harpe fidèle qui, dit-on, ne le quittait jamais.

La piété entretenait chez l'abbé Rigagnon une douceur inaltérable ; jamais peut-être on ne lui surprit ni un geste ni une parole de colère. Des contradicteurs, pour ne rien dire de plus, se dressèrent devant lui, tout près de lui. Il supporta comme un agneau leurs contradictions ou même leurs amères réprimandes : *Quasi agnus coram tondentes se* (Isaïe 53. 5) En face de l'injure il se taisait, sans néanmoins pouvoir toujours empêcher les pleurs de monter à sa paupière et de parler pour lui. Doux, il l'était jusqu'à la faiblesse et il le savait. Pressé de sévir contre une grave infidélité sur laquelle il avait longtemps fermé les yeux, il promit d'agir enfin avec vigueur. Au moment venu, il appelle à son aide toutes les ressources de sa sévérité ; mandé à la barre, le coupable arrive ; mais voilà que la foudre s'éteint tout-à-coup dans cette main faite seulement pour la houlette ; et se tournant alors vers le dépositaire de sa promesse : « Mon cher ami, lui dit-il, que voulez-vous ? je ne puis pas, je suis trop faible : *Ipse fecit nos.* » — Il ne pouvait se résigner au malheur de contrarier, de froisser quelqu'un, et comme les meilleures intentions ne suffisent pas pour éviter ce hasard , vu qu'il y a des suceptibilités qui n'ont pas besoin d'être touchées pour être blessées , le doux Curé qui n'osait braver l'inévitable péril de ne pas contenter tout le monde, ne prenait jamais une décision qu'avec une excessive timidité. Il se défiait commé Job de toutes ses démarches : *Verebar omnia opera mea*[1].

Et il fut doux envers les évènements comme envers les hommes. Que d'orages politiques n'avait-il pas traversés ! Vivre parmi les tempêtes, mourir avant que le navire eût vu le port, ce fut son destin. En face des iniquités publiques, sa colère restait dans sa main et la loi de clémence sur ses lèvres : *Ira ejus in manu ejus* [2], *lex clementiæ in lingua ejus*[3].

Cette rare douceur procédait d'une humilité aussi rare qu'elle. Vous qui fûtes les brebis de son troupeau, *Oves pascuæ ejus*[4] ; vous surtout qui partageâtes son toit et sa table, dites-nous s'il n'est pas vrai que cet homme avait toujours l'air de chercher la dernière place ? Tout le monde, à l'en croire, avait le droit de passer avant lui , et il n'acceptait qu'avec une sorte de confusion les attentions qu'on avait pour sa personne. C'est ainsi qu'il accepta les insignes du canonicat honoraire et d'autres distinctions dont notre Eminentissime Cardinal se plut à décorer sa vieillesse. Avouons-le cependant, l'humilité est dans le ciel de l'âme comme ces

---

[1] *Job.* IX. 28.
[2] *Op. Bern.* IV. 140.
[3] *Prov.* XXXI. 26.
[4] *Ps.* 94.

astres qui vont toujours accompagnés d'un satellite,
lequel satellite leur fait subir quelquefois des éclipses.
Le satellite de l'humilité, c'est la simplicité ; or, il arri-
vait parfois que la simplicité éclipsait, durant quelques
instants, l'humilité de l'excellent homme ; pensant alors
tout haut, il parlait de lui comme il aurait parlé d'un
étranger, et rendait candidement gloire à Dieu des dons
que Dieu lui avait faits ; éclipses naïves, réservées à de
rares témoins et qui sans doute faisaient sourire les
habitants du ciel, mais que le monde aurait eu peine à
comprendre : *Quid namque stultius mundo quam men-
tem verbis ostendere* [1] ?

Pardonnez-lui, Mes Frères, cette légère infirmité, si
vous estimez que c'en soit une, et remerciez Dieu de
vous avoir donné dans votre Pasteur un prêtre qui par
ses œuvres, par son esprit et par son cœur fut excellemment un homme de Dieu.

Et puisque tout le monde l'a dit, pourquoi ne le
dirai-je pas : l'homme de Dieu se trahissait dans tout
son extérieur, dans ses manières, dans sa physionomie.
Qu'il était beau à l'autel dans la splendeur des orne-
ments sacerdotaux avec la pâleur ascétique de ses traits,
avec la neige si pure de ses cheveux blancs, avec sa
haute taille un peu inclinée à la façon du Bon-Pasteur
ployant son cou sous l'évangélique fardeau de la brebis
perdue et retrouvée ! Qu'il était beau dans nos proces-
sions saintes ! tous les regards aussi bien que tous les
cœurs se sentaient attirés vers lui par je ne sais quelle

---

[1] Quoi de plus insensé aux yeux du monde que de décou-
vrir le fond de sa pensée ? *(Imit.)*

vivante apparition de l'Évangile, par un reflet d'en-haut,
par un rayonnement de mystérieuse vertu : *Virtus de
illo exibat* [1].

Son portrait ne restera-t-il pas gravé dans vos âmes
en caractères ineffaçables? *Vidistis illam jugem ac per-
petuam mentis amœnitatem cujus testimonium vultus im-
mutabilis erat* [2]. Vous l'avez vu et vous continuerez à le
voir par souvenir, avec cette perpétuelle sérénité de son
âme, dont la sérénité de son visage était l'imperturbable
expression : *Vidistis illam latitudinem charitatis quæ tanta
in illo fuit ut non immerito si charitas ipsa exprimenda
esset in vultum hujus potissimum pingi debere vultu vide-
retur* [3]. Vous avez vu et vous verrez toujours cette
bienveillance qui respirait dans toute sa personne, si
bien, qu'il aurait suffi de le peindre pour peindre la
bienveillance elle-même. Toujours vous verrez cet air
si obligeant, si modeste, *Adspectus ejus aut officiosus aut
demissus* [4]; ces regards habituellement voilés et captifs
sous leurs paupières, et qui ne se mettaient en liberté
qu'au commandement de la vertu : *Oculus ejus in capite
ejus, nunquam avolans nisi cum virtuti paruisset* [5]. Vous
verrez toujours ce sourire si bon, qui n'allait presque
jamais jusqu'au rire, et qui était rare lui-même, *Risus
nunquam excussus, rarus tamen et ipse* [6]. Qui jamais

[1] *Luc.* VI. 19.
[2] *Op. S. Bern.* I. 88.
[3] *Ibid.*
[4] *Op. S. Bern.,* IV, 140.
[5] *Ibid.*
[6] *Ibid.*

put se rassasier de voir cet homme? *Quis unquam illum sufficienter vidisse sibi visus est?*

C'est saint Bernard qui fait en ces termes l'éloge funèbre d'un de ses amis. Il aurait fallu un saint Bernard pour vous montrer l'homme de Dieu dans le Curé de Saint-Martial. Et pour ce qui me reste à dire, il faudrait l'Apôtre de la charité lui-même; car, après l'homme de Dieu, voici l'homme du peuple.

II.

Oui, l'abbé Rigagnon fut l'homme du peuple autant que l'homme de Dieu, *Fratrum amator*[1]. C'est même tout particulièrement comme homme du peuple qu'il est déjà entré et qu'il restera dans le domaine de la légende. De là un écueil certain pour le panégyriste du Curé de Saint-Martial car, quelque effort qu'il puisse faire, il y a quelqu'un qui parlera mieux que lui de la charité du bon Curé, et ce quelqu'un c'est tout le monde. Poussons toutefois notre discours contre cet écueil et qu'il y périsse si c'est son sort; il me suffit de savoir, pour la gloire de mon modeste héros, que la mémoire publique sera la gardienne de cette gloire.

Qu'est-ce que le peuple pour un prêtre? Le peuple pour lui, c'est toute la paroisse dont il est chargé; la paroisse, cette vaste famille qui comprend tous les âges, tous les rangs, toutes les fortunes, l'enfance et la vieil-

---

[1] II *Macc.* XV. 14

lesse, la richesse et la pauvreté, l'obscurité de la condition et la distinction de la naissance. Pour le prêtre,
le peuple, c'est ce que les siècles de foi appelaient la
sainte plèbe de Dieu, *Plebs sancta Dei.* — Or, l'abbé
Rigagnon fut l'homme du peuple ainsi entendu, car
il fut l'homme de tous dans sa paroisse, père de tous,
vivant pour tous : *Parens omnium, omnibus vivebat*[1]. Les
dissidents aux-mêmes, ceux qui ne partagent pas notre
foi, bien que hors de son bercail n'étaient pas hors
de sa sollicitude ; il suffisait qu'ils habitassent le terri-
toire de Saint-Martial pour qu'il se regardât comme
engagé à leur service dans le Seigneur.

Mais le mot *peuple* rend un autre son et suscite
dans le langage ordinaire une autre idée moins générale. Il désigne spécialement l'humble foule de ceux qui
par leur nombre occupent tant de place ici-bas et pour qui
il y a si peu de soleil ; il désigne la multitude qui gagne
son pain à la sueur de son front, qui ne peut manger
le pain d'aujourd'hui sans être en peine de celui de de-
main, qui est vouée par état aux privations et trop souvent à la misère. En deux mots, les petits et les pauvres, voilà ce que l'on appelle communément le peuple.

Or, qui ne sait que, sous ce nouveau rapport, et
surtout sous ce rapport, l'abbé Rigagnon fut l'homme
du peuple ?

Le peuple des petits et des pauvres porte en lui un
premier besoin qui est d'être pieusement respecté ;
je dis respecté et non pas flatté, car ceux qui le
flattent ne le respectent guère ; en règle générale,

____
[1] S. Bern.

ceux-là ne se proposent que de s'élever à ses dépens ;
ils le caressent et le méprisent, et quand par lui ils
ont conquis la force, s'ils peuvent la conquérir, ils s'en
servent infailliblement pour écraser l'instrument de leur
fortune. Ah ! respect au pauvre peuple, respect à
la majesté dont N.-S. l'a revêtu en attendant qu'il le
couvre là-haut des splendeurs de sa gloire inénarrable,
car les petits et les pauvres ont besoin, comme tout le
monde, de la gloire de Dieu : *Omnes egent gloria Dei* [1].
Et ils en sont les premiers héritiers : *Pauperes vestrum
est regnum cœlorum.* Or, l'abbé Rigagnon fut d'abord
l'homme du peuple par le pieux respect dont il entourait les petits et les pauvres. C'était son habitude de
traiter avec eux sur le pied d'une paternité pleine
d'égards. On aurait dit qu'il avait toujours présente la
recommandation de S. Vincent-de-Paul : Souvenons-
nous que les pauvres sont en J.-C. nos seigneurs et
nos maîtres, et regardons-nous comme indignes de les
servir. Lui aussi il était homme, le cas échéant, à se
mettre à leurs genoux pour leur demander pardon de
leur avoir fait faire trop longtemps antichambre. Plus
on était petit, plus on obtenait d'attentions ; et puisque
je l'ai oublié ailleurs, je dirai ici que, laissant à ses
jeunes collaborateurs le soin de catéchiser les enfants de
la première communion, il ne cédait à personne le soin
d'allaiter du lait de la doctrine, les plus petits parmi
les petits, se réservant, suivant le langage du Prophète,
la consolation de presser les agneaux sur son sein, de

______

[1] *Ad Rom.* iii. 23.

porter ceux qui ne peuvent marcher (*Is.* XL. 11). C'est une belle âme qui a dit que Dieu sent en lui-même un poids qui l'entraîne vers ce qui est petit. Le cœur du Curé de Saint-Martial était incliné de la même façon et suivait la même loi. Pouvait-il en être autrement avec la foi qui l'animait? Cette foi, elle lui faisait voir dans les petits, dans les pauvres la dignité même de J.-C. cachée dans leurs personnes comme sous les voiles d'un sacrement, et c'est à cette dignité qu'il rendait hommage en leur rendant hommage à eux-mêmes. Traités par lui avec ce respect, les pauvres apprenaient à ne pas mépriser leur condition ; ils la devinaient estimable en la voyant si estimée par le digne Curé, et par suite souffrant moins de l'humiliation, ils souffraient moins de la misère. Les faiseurs de phrases superbes demandent quelquefois *à quoi servent les prêtres* ; sans parler des autres, en voilà un qui pendant plus d'un demi-siècle, par le respect dont il entourait les petits et les pauvres, en a réconcilié des milliers avec leur condition sociale, compensant chez eux l'absence des biens temporels par la résignation, la foi, l'amour, l'espérance, c'est-à-dire par la paix au sein des privations et de l'obscurité ; tandis que vous, artisans criminels de discours séditieux, avec les fausses caresses de votre langue empoisonnée, vous ne faites qu'envenimer les plaies de Lazare, couché sur sa colère, à la porte du riche.

Après le besoin de se sentir pieusement respecté, le pauvre peuple en a un autre. Il lui faut quelque chose de plus tendre que le respect, quelque chose qui vienne de ces régions du cœur où fleurissent les saintes affections, les saintes amitiés. Le peuple des petits et des pauvres, il a besoin de se sentir aimé dans sa petitesse et dans sa pauvreté ; or, ici encore le Curé de Saint-Martial fut l'homme du peuple par sa tendresse pour les petits et pour les pauvres. Les pauvres et les petits ! il me semble qu'à ces seuls mots, le cœur du Curé de Saint-Martial, tout mort qu'il est, essaie de se ranimer et que la miséricorde qui, si longtemps, s'en épancha à flots sur tous les malheureux, est prête à en jaillir encore. Il me semble l'entendre nous dire lui-même : « *Misereor super turbam* [1], j'ai toujours pitié du pauvre peuple, et je ne puis le voir souffrir sans souffrir avec lui. » Ce qu'il y a de sûr, c'est qu'il s'identifiait aux souffrances du pauvre peuple, et que toutes les misères de la paroisse avaient dans son âme un retentissement douloureux ; comme si son cœur, d'après une image empruntée à saint Jean-Chrysostôme avait été le cœur universel de son Eglise tout entière [2] ; et ne puis-je lui appliquer également ce passage de saint Bernard, parlant toujours de son ami : *Quasi gallina pullos suos sic fovebat omnes et in velamento alarum suarum protegebat* [3], ce que la poule est pour ses poussins, il l'était pour tous les malheureux, les réchauffant tous au foyer de son cœur, les couvrant tous de sa protection, de sa tendresse et étendant ses ailes aussi loin que possible pour que tous se sentissent abrités et aimés. Tous avaient part à son affection, et chacun la possédait tout entière. Ah ! c'est

---

[1] Marc. (VIII. 2).

[2] *Quasi cor ejus, cor universæ Ecclesiæ.*

[3] St Bern., *loc. cit.*

qu'il les voyait tous, le bon Curé, à travers la poitrine
sacrée, à travers le cœur adorable de Celui qui a dit :
« Ce que vous faites au moindre de ces petits, c'est à
moi-même que vous le faites, » ce qui revient à dire :
les petits, les pauvres, c'est moi ; et il aimait les petits,
les pauvres du même amour que Jésus-Christ lui-
même, apercevant à travers leur dénuement et leurs
haillons les charmes tout-puissants de sa beauté ravis-
sante. Toujours il en sera ainsi : quiconque vous aime,
Seigneur Jésus, aimera aussi le pauvre peuple, et qui
ne vous aime pas ne l'aimera jamais qu'à demi.

Se sentir respecté, se sentir aimé, ce n'est pas assez
pour le pauvre peuple ; il a un troisième besoin qui est
d'être servi, secouru, dans la double indigence de son
âme et de son corps, dans son indigence morale et dans
son indigence matérielle. — Or, c'est ici, et je m'en
aperçois, que vous m'attendiez depuis longtemps ; c'est
ici que vous m'attendiez pour me voir rendre à l'abbé
Rigagnon le témoignage qui vous est le plus à cœur ;
pour me voir interpréter l'admiration générale ; pour entendre de ma bouche l'écho des hymnes de louanges qui
résonnent dans vos âmes, l'écho de votre éloquence
intérieure et de vos discours captifs. Eh bien ! soyez
satisfaits, et tous ensemble d'une commune voix,
disons : Oui, l'abbé Rigagnon fut l'homme du peuple,
parce qu'il fut l'inépuisable bienfaiteur des petits et des
pauvres, parce qu'il fut le Vincent-de-Paul de la
paroisse Saint-Martial.

Le monde comptera pour rien ce qu'il fit pendant
toute la durée de son ministère pour soulager l'indigence

morale du peuple, et cependant la principale aumône,
la plus précieuse qu'on puisse lui faire, au peuple, n'est-
ce pas celle qui consiste à diminuer, à guérir la misère
de son âme, c'est-à-dire à lui donner Jésus-Christ ? car
c'est Jésus-Christ qui est le nécessaire de l'âme du peuple : quelque lumière qu'on lui donne d'ailleurs, il demeure aveugle si l'on ne lui donne la lumière de Jésus-
Christ ; quelque consolation qu'on lui propose, il de
meure inconsolé si l'on ne lui donne les consolations de.
Jésus-Christ ; à quelque gloire qu'on prétende l'élever,
il lui faut, qu'il le sache ou non, la gloire de Jésus-
Christ. Tout lui manque tant que Jésus-Christ lui manque ; les progrès de l'instruction, de la liberté, du bien-
être, rien, pour lui, ne peut remplacer Jésus-Christ. Sans
Jésus-Christ, l'âme des petits et des pauvres aura toujours
faim, toujours soif ; elle sera toujours froide et nue. Or,
cette nudité, cette soif, cette faim spirituelle du pauvre
peuple, l'abbé Rigagnon s'est dépensé lui-même, tous
les jours de sa vie, pour les soulager, pour leur faire la
seule aumône qui leur convienne. Mais, puisque le
monde est devenu assez peu clairvoyant pour ne plus
tenir compte de la charité qui s'exerce de la sorte,
puisqu'il ne comprend et n'apprécie que la charité qui
s'adresse aux misères physiques, par l'aumône corpo-
relle, ne parlons de la charité, des aumônes de l'abbé
Rigagnon qu'à ce point de vue, limité et rétréci.

Limité et rétréci, que dis-je ? non, non, quand il
s'agit de la charité de l'abbé Rigagnon, sous quelque
forme que ce soit, on n'aperçoit plus de limite et l'horizon s'élargit sans mesure.

C'est la voix publique qui m'ordonne de le dire : des mains consacrées de cet homme pendant cinquante-six ans, les aumônes ont coulé comme un fleuve intarissable, en faveur des petits et des pauvres, et ce fleuve bienfaisant, il ne s'épanchait pas seulement dans la paroisse et dans le voisinage, il s'épanchait dans la ville tout entière et beaucoup plus loin encore. Des demandes de secours arrivaient au Curé de Saint-Martial de divers points du monde, de l'Espagne, de la Belgique, de l'Amérique même, et comme il ne savait pas refuser, il envoyait toujours à ces lointains suppliants et de l'argent et de bonnes paroles. On formerait des légions avec les familles qu'il a soutenues, et avec les sommes qu'il a versées dans le sein des malheureux, on composerait une fortune royale.

Tout le monde le sait : sa charité l'entraînait quelquefois à ce qu'on pourrait appeler des excentricités héroïques qui lui paraissaient à lui-même les plus naturelles actions du monde, tant elles coulaient de source.

Un soir, dans la rue, il rencontre un pauvre qui lui montre ses pieds nus ; le prêtre le regarde avec une douce commisération, lui fait signe de le suivre, se glisse dans un corridor obscur et là s'étant déchaussé : « Tenez, dit-il au mendiant, prenez mes souliers ; je ne suis pas loin de chez moi, je m'en retournerai facilement. » Et il revint pieds nus au presbytère.

Un matin, de très-bonne heure, en plein hiver, un marchand laitier qui passait sur le quai de Bacalan, aperçoit à l'écart, dans l'ombre, une sorte de groupe mystérieux dont il ne peut se rendre compte. Poussé par la curiosité, il s'approche, et que voit-il ? Le Curé de Saint-Martial, debout, haletant, la main appuyée sur un gros fagot du bois, dressé par terre à son côté. —C'est vous, Monsieur le Curé! et que faites-vous ici à pareille heure? — Mon ami, n'en dites rien, répond le Curé, je reprends un peu haleine; il y a par-là, une famille de pauvres honteux qui se meurent de froid, ce peu de bois leur fera bien plaisir.

Une autre fois, il se trouvait au chevet d'un pauvre malade; comme à l'ordinaire, un dialogue s'établit entre le pasteur et celui qu'il visite. — Vous manque-t-il quelque chose, mon bon ami? — Hélas! oui, Monsieur le Curé, il me manque tout ce que le médecin m'a prescrit. —Voyons un peu. — Du bon bouillon. — On vous en procurera. — Du bon vin. — Vous en aurez aussi.—De la flanelle... à ce mot, M. Rigagnon réfléchit un instant, et puis : Quant à ce dernier objet, reprend-il avec quelque embarras, si j'osais, si vous n'y sentiez pas de répugnance, nous aurions tout de suite votre affaire. La flanelle que je porte en ce moment est toute neuve; si vous n'avez pas horreur de moi, faites-moi le plaisir de l'accepter. — Moi, horreur de vous, Monsieur le Curé!.... Et les larmes du malade achèvent sa réponse. Là-dessus le bon vieillard s'écarte un moment, puis revient avec sa flanelle à la main; ce n'était plus la sienne, c'était celle du malade.

De rechange, pourtant, il n'y en avait pas souvent dans son vestiaire. On avait beau remplacer son linge, ses vêtements et même sa montre; montre, vêtements et linge disparaissaient et s'en allaient à tire-d'aîle chez les pauvres.

Ses livres chéris eux-mêmes n'étaient pas épargnés. Que de fois il les fit vendre pour battre monnaie au profit des malheureux ! digne en cela de ces chrétiens des premiers âges, qui vendaient jusqu'à leur exemplaire du Nouveau Testament pour en donner le prix aux pauvres, disant ensuite : Nous avons tout donné, jusqu'au livre qui nous a enseignés à donner tout.

Il savait par expérience que lorsque les pauvres se présentent à la porte d'un presbytère, ils se trouvent exposés à des objections de la part des autorités secondaires qui sont payées pour l'ouvrir ; c'est pourquoi il renouvelait souvent à ses visiteurs attitrés la consigne de frapper non à sa porte mais à sa fenêtre, et c'est par la fenêtre qu'il leur faisait passer ses aumônes, particulièrement les secours en nature.

Parmi les pauvres, toutefois, il y en eut un, mais un seul, qu'il traita mal et auquel jamais il ne voulut faire attention. Ce pauvre, c'était lui même ; on le vit risquer jusqu'à sa réputation pour couvrir celle d'un malheureux qui ne le méritait guère. Après avoir soldé deux faux billets qui portaient sa signature, criminellement contrefaite par une main qu'il connaissait, il allait en solder un troisième, lorsque l'un de ses vicaires se saisit de la pièce et la remit entre les mains de la justice. Le bon Curé dut comparaître, en qualité de témoin, devant les tribunaux ; il s'y vit traité comme un coupable, car le président, ne comprenant rien à sa conduite, admonesta le trop charitable payeur presque aussi vertement que l'indigne faussaire.

On lui faisait des cadeaux, quelquefois même des

cadeaux en espèces sonnantes avec cette suscription :
A Monsieur le Curé, pour son usage personnel. Mais
l'abbé Rigagnon ne connaissait pas Monsieur le Curé.
Un jour de Jeudi saint, comme il entrait à l'église, la
quêteuse lui présente la bourse ; il cherche dans sa po-
che, en retire un rouleau qui portait le titre susdit, et
sans peut-être savoir ce que contenait le rouleau, il
l'ajoute au pieux butin de la quêteuse.

Il y avait régulièrement dans son budget, des lacu-
nes terribles. C'était le moindre de ses soucis.

Quelque temps après la révolution de juillet 1830,
les victorieux du moment, qui, suivant l'usage, regar-
daient comme un crime politique l'espérance d'un ave-
nir meilleur, soupçonnèrent l'abbé Rigagnon de s'être
rendu coupable de ce crime. Ils l'accusèrent de conspira-
tion, tant ils se connaissaient en hommes ! Donc, à l'im-
proviste, l'habitation de l'abbé est investie par la police
et les perquisitions commencent. Le procès-verbal put
constater que s'il existait des conspirateurs ce n'était
pas l'abbé Rigagnon, qui en était le banquier ; après les
recherches les plus minutieuses, on n'avait trouvé chez
lui qu'une pièce d'un franc et une autre de cinquante
centimes. Total : trente sous.

Trente sous ! l'abbé Rigagnon n'en avait pas toujours
autant. Comment donc, cet homme qui ne possédait aucun patrimoine, cet homme qui a failli avoir besoin pour
son ensevelissement d'un suaire d'emprunt, cet homme
dont la succession pécuniaire se chiffre, dit-on, par une
somme de soixante-six francs quinze centimes et des
dettes, comment a-t-il pu suffire toute sa vie, à des

libéralités princières ; comment a-t-il pu si splendide-
ment réaliser la parole de saint Paul, *Nihil habentes et
omnia possidentes*[1], n'avoir rien et disposer de tout ? —
Il l'a pu, cet ami du pauvre, en vertu d'une double
puissance, l'une sur le cœur du bon Dieu, l'autre sur
le cœur des riches.

Le bon Dieu, premièr père des pauvres, semblait
avoir mis à son service, les aimables jeux de sa providence. Un jour qu'il n'avait plus un seul denier, s'étant
vu dans la nécessité de refuser l'aumône à une infortune tombée de haut et aussi profonde que pudique et
voilée, le Curé de Saint-Martial, les yeux pleins de larmes, s'agenouille sur son prie-Dieu et se met à réciter les
litanies de la Sainte Vierge ; il arrive à cette invocation :
Secours des Chrétiens, priez pour nous ; à peine l'a-t-il
prononcée, qu'on frappe à la porte ; c'était un billet de
deux cents francs qui venait se mettre à la disposition
de M. le Curé. Inutile d'ajouter que l'honorable et dis-
crète infortune fut aussitôt soulagée.

Dans une autre occasion, faute de mieux, il donne à
un solliciteur une certaine écritoire de bronze ; lancée
dans le monde, l'écritoire court les aventures, fait une
odyssée fabuleuse et finit par envoyer de ses nouvelles
à M. le Curé, avec un appoint de quatre cents francs
contenu sous le même pli.

Demandez l'histoire des diverses montres qui lui
échappèrent de la main à tel ou tel moment de crise finan
cière ; on vous la racontera cette histoire fort variée,
et vous serez obligé de dire : *Le doigt de Dieu est là*[2],

[1] ii. *Ad. cor.* vi. 10.
[2] *Exod.* viii. 19.

Comme il avait la clef du cœur de Dieu, il avait aussi la clef du cœur des riches, et les riches lui donnaient de leur abondance ; leurs trésors venaient à lui, comme les eaux de la montagne vont à la vallée, qui ne les reçoit que pour les transmettre aussitôt à l'immense plaine brûlée par le soleil, et ce n'était pas seulement les trésors des Catholiques qui se déversaient ainsi dans les mains du Curé de Saint-Martial, c'était aussi les trésors des Protestants. On lui donnait, et après lui avoir donné, on lui donnait encore et on était toujours heureux de lui donner. Pourquoi cet entraînement général ? Dites-moi pourquoi l'on ne pouvait s'empêcher de donner à saint Vincent.-de-Paul, et je vous dirai pourquoi l'on donnait presque irrésistiblement au Curé de Saint-Martial.

C'est ainsi que l'abbé Rigagnon fut l'homme du peuple par le respect, par l'amour, par le service des petits et des pauvres. Et cela à une époque où devant les hommes d'Etat se dressait comme un spectre formidable ce problème deux fois insoluble : comment on pourra faire accepter aux hommes qui se déclarent pauvres, la pauvreté dont ils ne veulent plus, ou comment on changera la constitution éternelle des sociétés humaines en enrichissant tout le monde. L'abbé Rigagnon, lui, n'inventa aucun évangile ; il se contenta de faire la charité selon l'évangile de J.-C., et comme son maître, il passa simplement en faisant le bien.

Aussi le peuple, qui est parfois ingrat, ne le fut pas pour le Curé de Saint-Martial, le peuple aimait ce prêtre comme il en était aimé.

On le vit bien le jour où le bon Curé, parvenu au cinquantième anniversaire de sa première messe, voulut se donner la consolation de célébrer solennellement ses *noces d'or*, son jubilé sacerdotal. Quel enthousiasme dans toute la paroisse et au-delà ! quelle fête pour le peuple plus encore que pour le Pasteur lui-même ! Voyez-vous et les maisons pavoisées, et le pavé des rues parsemé d'une jonchée odorante, et les oriflammes, et les bannières, et les inscriptions laudatives et les arcs de triomphe ? Voyez-vous la foule attendrie qui s'agite comme une mer vivante au milieu de toute cette pompe ? Voyez-vous la joie et l'épanouissement de tous les visages de toutes les âmes ? Entendez-vous les vivats de la multitude qui se mêlent au son de la cloche et aux détonations de la poudre ? Quel roi obtint jamais pareil triomphe ? Roi, il l'était l'excellent pasteur ; il régnait par l'amour.

Orné d'une chasuble d'or, dont vous l'aviez vêtu vous-mêmes, Fidèles de Saint-Martial, le vieillard éleva entre ses mains tremblantes l'adorable calice, et renouvela son antique alliance avec le Dieu de sa jeunesse. Puis, il vous bénit du haut de la chaire que j'occupe et vous demanda pardon. « N'avez-vous pas été surpris, vous dit-il, affligés, scandalisés peut-être, de certains actes de ma vie ? Oubliez-les, pardonnez-les, je vous le demande avec instance, vous priant de réfléchir sur la fragilité humaine. »

Et vous pleuriez, Mes bien chers Frères ; sachant bien qu'en dépit de vos vœux, cette belle vie touchait à son déclin, que le soir était venu, que les ombres

s'allongeaient et que la douce lumière de cette patriarchale vieillesse ne tarderait pas à s'éteindre.

Elle s'est éteinte en effet, et la nuit s'est faite et le
deuil vous enveloppe de ses voiles.

Jusqu'à la fin, l'abbé Rigagnon a combattu le bon
combat. Comme jadis sa sainte mère, il a été frappé du
coup mortel dans une ambulance, parmi des soldats
dont il s'était fait le *frère servant* et l'infirmier spirituel.
Dieu lui laissa peu de temps pour les préparatifs du dé-
part; il était prêt et il savait le chemin. Ses derniers regards, avant de se fermer pour jamais aux spectacles
d'ici-bas, se reposèrent tristement sur la France : « Elle
est bien malheureuse notre pauvre France, dit-il à son
confesseur, et nous avons bien besoin que Dieu ait pitié
de nous. » Là dessus, le vénérable malade entonna le
psaume où le prophète David implore la miséricorde de
Jéhovah, en faveur d'Israël : *Deus misereatur nostrî et be-
nedicat nobis.* Arrivé à ce verset : *Quoniam judicas popu-
los in æquitate et gentes in terra dirigis*; Seigneur, vous
jugez les peuples dans l'équité, et c'est vous qui faites
ici-bas leurs destinées, il appuya d'une voix forte sur
toutes ces paroles, et les ayant répétées une à une, il
s'arrêta, le regard fixe, comme si dans le lointain, à
travers nos malheurs et au-dessus des ruines de la patrie, quelque vision lui eût montré le bras juste et ven-
geur de la divine Providence qui gouverne le monde et
de qui relèvent les empires.

Celui qu'au dernier verset du même psaume le prophète appelle : *Deus, Deus noster,* le Dieu nôtre, le Dieu
qui habite avec nous et qui nous appartient, l'Emmanuel

visita son ministre ; celui-ci reçut le saint Viatique qu'il avait administré à tant d'autres et par l'indulgence plénière, son confesseur le conduisit jusqu'à la porte de l'Eternité.

Ma tâche est finie, Messieurs ; j'avais promis de vous montrer dans l'abbé Rigagnon un prêtre qui fut excellement l'homme de Dieu et l'homme du peuple, et par conséquent un bon prêtre de Jésus-Christ. Ne vous paraît-t-il pas que j'ai rempli ma promesse, non point, sans doute, aussi bien que vous auriez eu le droit de l'exiger, mais de manière du moins à dégager ma parole ?

Oui, l'abbé Rigagnon fut un bon prêtre de Jésus-Christ : *Bonus minister Christi* ; un bon prêtre, un très-bon prêtre.

Et maintenant que pourrais-je ajouter ? — Le jour où, il y a plus de quatorze ans, nous portions en terre, le très-suave et très-charitable Monseigneur Dupuch, on entendit une pauvre femme, qui disait en sanglotant : « C'est un saint qui s'en va, il nous en reste un autre, le Curé de Saint-Martial, » et voilà que le Curé de Saint-Martial est allé rejoindre son auguste ami. Il nous a quittés au moment où, parmi d'incomparables désastres, il semble que tout nous quitte et se détache de nous, out jusqu'au sol de la patrie, tout jusqu'à l'honneur et presque jusqu'à l'espérance. — Il nous a quittés, mais il vit encore : *Numquid non vivit? et beate. Nimirum visus est oculis insipientium mori, ille autem est in pace*[1].

Il vit et il vit dans la paix, dans la paix éternelle. Dans la paix éternelle! S'il en est de la sorte, si vous êtes entré dans l'éternel repos avec Lazare autrefois pauvre, aujourd'hui glorifié, *Cum Lazaro quondam paupere*; ô Homme de Dieu! ô Homme du peuple! ô bon Prêtre de Jésus-Christ, du haut du ciel que vous habitez, du rivage de la bienheureuse patrie, paraissez pour clore ce long discours, paraissez une dernière fois aux yeux de ceux qui vous appelaient leur père, leur frère, leur ami, et que vous avez laissés en proie à de si cruelles angoisses.

Il nous semble vous voir, ô Père! ô Frère! ô Ami! et nous tendons les bras vers vous, et nous implorons votre assistance.

Obtenez au clergé la grâce d'imiter vos exemples, aux fidèles la grâce de suivre vos leçons; obtenez à la France le repentir, la conversion, la délivrance; obtenez à l'Église et à son chef visible le terme de leurs épreuves, à nous tous enfin la glorieuse éternité. *Amen.*

[1] *Op. S. Bern.* IV. 140.

J. M. J.

Bordeaux. — Imp. de F. Degréteau et Cie.

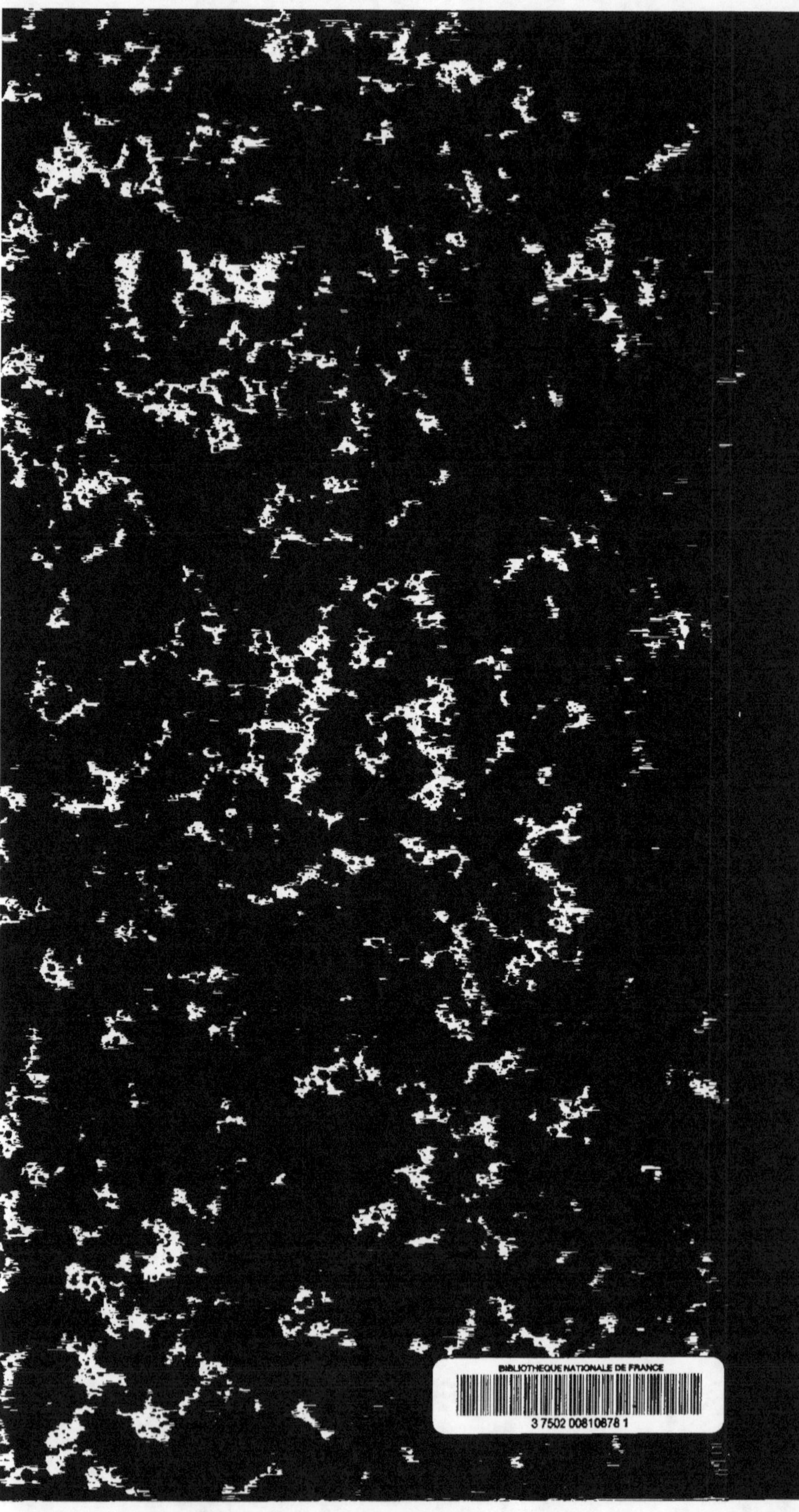
BIBLIOTHEQUE NATIONALE DE FRANCE

3 7502 00810878 1

www.ingramcontent.com/pod-product-compliance
Lightning Source LLC
Chambersburg PA
CBHW071517030726
47593CB00003B/1299